너무 늦은 연서

실천시선 253

너무 늦은 연서

문계봉

실천문학사

이 시집을 내 영혼의 고향이자
시의 원천인 어머니 송태인 씨에게 바칩니다.

차례

제1부

자화상 13
그들만의 공화국 14
다시 잠 못 드는 밤에 16
밤길 17
면회2 20
그는 더 이상 진보적 잡지를 읽지 않는다 21
성하(盛夏) 23
유혹 25
재기(再起) 27
그리움 뒤에는 무엇이 남는가 29
원죄처럼 아리고 애인처럼 절실한 32
꿈 33
체 게바라 평전을 읽고 35
봄, 이 두려운 37
진혼곡조(鎭魂曲調) 38
4월, 그날 40
광화문광장 예술가 텐트촌에서 41

제2부

불면 45
이 풍진 세상을 위하여 46
가수 승미 47
꿈꾸는 낙타 49
봄비 51
비와 함께 흐르는 늦봄의 오후 52
실연한 애인들을 위한 보고서 53
소나기 55
순명(順命) 56
10월 58
11월 59
12월 60
겨울비 61
동지(冬至) 62
교감(交感) 63
꽃샘추위, 황사 65
죽음의 얼굴 66
너무 늦은 연서(戀書) 68

상처 69

사라진 마을 70

상련(相憐) 72

홍예문에서 73

신포동 백제호텔 커피숍 75

나는 시방 위험한 짐승이다 77

기다림을 기다리다 78

시간의 틈새 79

그 방에서 보낸 한 철 80

사청사우(乍晴乍雨) 82

시간(時間) 84

제3부

마음으로 듣는 소리 87

가을 앞에서 89

슬리퍼를 돌려놓으며 91

어느 볕 좋은 날 92

열꽃 93

저울 94

이른 귀가 95

수돗물 좀 꼭꼭 잠가 주세요 96
무상(無常) 97
겨울, 가족공원에서 아버지를 만나다 98
영별을 위한 짧은 여행의 기록 99
겨울 그 서늘한 102

제4부

낯선 곳에서 당신의 안부를 묻다 105
당신과 조용히 늙어 가고 싶습니다 107
당신의 꽃밭 108
동화(同化) 109
만우절 110
불면 111
상강(霜降) 112
하찮은 대화 114
한 그리움이 또 다른 그리움을 찾아가는 길 116
흐리고 불안한 저녁 118

해설 김응교 121
시인의 말 132

제1부

자화상
—家系

소 힘줄 같은 고집과
힘줄의 탄력만큼이나 질긴
가난이 내력이었지
일찍 바람이 되어
밑으로 흐르는 법을 배운 아비와
허기만큼의 높이로 자꾸
몸을 숙이는 들풀 같은 자식들
미래가 던지는 몇 마디의 농담에도
발끈 불안하여 세월의 멱살을 잡는
눈물겨운 공격성 그러나
가진 것 없어서 낭패도 모르는,
기다림 속에서 든든하게 무장된
삶의 게릴라 혹은
운명과의 싸움꾼들.

그들만의 공화국

얼굴을 가린 시간들이
게으름을 가장하며 빠르게 흘러갔다.
고통은 폭죽처럼
우리의 몸속에서 수시로 폭발했고
미래처럼 불투명한 짙은 먼지가
뿌옇게 몸속을 뚫고 나왔다.
지극히 구체적인 고통 앞에서
희망은 낙첨된 복권처럼 부질없었다.
입 밖으로 고통을 말하던 사람들은
일제히 겨울의 밀사에게
입이 틀어막힌 채 소리 없이 유배되고
배소(配所)의 꽃들은 나날이
사람의 얼굴을 닮아 갔다.
자력으로 자궁을 빠져나온 수많은 아이들은
일제히 고통을 향해 걸음마를 시작하고
혀가 잘린 사람들만
묵묵히 지키는 묵언(默言)의 거리 위로

발음되지 못한 그들의 노래가 비어처럼 흘렀다.

다시 잠 못 드는 밤에

고독했던 그를 생각한다.
유배지 시베리아의 넓은 설원(雪原)에서
토끼 사냥을 마치고 돌아오며
고즈넉이 상념에 젖는
모두에게 잊힌 한 혁명가.

무엇이 끝났고 또
무엇이 다시 시작되어야 하는가,
빛바랜 화두(話頭)를 책상 앞에 꺼내 놓고
생활의 마디마디
굵고 완강한 괄호를 벗겨 내며
끝끝내 잠 못 드는 밤.

먼지 앉은 원전(原典)의
겉표지를 젖히고 나와
모자 위 눈을 털며 숙소의 불을 켜는
블라디미르 일리치 레닌.

밤길

육 척 장신(六尺長身)의 어깨 위에 걸린
상현(上弦)의 달,
빛은 어둠과 적당한 농도로 섞여 흐른다
흐르면서 앞서 걷는 그를 감싼다

그의 큰 키를 비춰 주기에 충분한 달,
낡은 구두, 두 겹의 무뎌진 바지 주름을
자상하게 숨겨 주는 빛, 희미한

그와 함께 걷는 밤길
아스라이 들리는 단속적인 경적 소리
원격지(遠隔地)의 바람을 쏟아 내며
엄청난 속력으로 달리는 덤프트럭들
그 트럭들을 보면서 그가 나에게 묻는다.

우리에게도 앞만 보고 달리던 시절이 있었지?
보듬어야 할 것들을 보듬지 못한 채

머물러야 할 곳들에 머물지 못한 채
각자가 지닌 삶의 무게만한 가속도로
앞으로 앞으로만 달리던 시절, 그때
우리도 저 트럭과 같았을까?
동료의 터진 손등보다는
가슴에 품었던 문건의 행간만을 믿으며
약속한 등만 보인 채 달려온 것은 아닐까?

그의 어깨가
상현(上弦)의 곡선(曲線)으로
잠깐, 굽는다.
그 어깨 위로 손을 얹는다.
얹은 손 위로 다시 얹히는
그의 거친 손, 달처럼 차다.
비로소 달, 빛은
달빛이 되어 우리의 머리 위를 비춘다.

그와 함께 걸어가는 밤길
농성장 머리 위에 밝은 상현달.

면회2

해지는 인천에서
해 뜨는 강릉으로
친구 보러 가는 길
홀로 가는 쓸쓸한 길
주머니 속에선
친구를 위해 빚은 몇 개의 소식들
달그락거리고
길 양편으론
맑은 친구의 얼굴로 꽃들이 웃네
대관령 아흔아홉 구비를 돌아
그리움을 향한 하강을 시작하면
풀풀풀 날며 손을 흔드는
민들레, 맨발로 달려 나온 친구의 마음.

그는 더 이상 진보적 잡지를 읽지 않는다

한때 세상을 바꾸려 했던 그가
바뀐 세상에서 비틀거린다
바꾸려 한 세상과
바뀐 세상 사이의 거리는
그가 간직해 온 열망의 크기만큼
멀고 아득할 것이다

그는 결코 유약한 사람이 아니었다
논쟁의 자리에서 그는
빈틈없는 이론가였고
거리에서는 냉철한 사령관이었다
그의 목소리 높낮이에 따라
토론의 성과가 조정되었고
그의 손이 가리키는 곳으로
돌과 불꽃이 날아갔었다

그런 그가 지금은 비틀거린다

겹겹으로 봉쇄된 전선을 능숙하게 돌파하던 그가
생활의 공격 앞에선 속수무책이다
문건을 쓰고 구호를 외치던 손으로
세차를 하고 우유를 배달하고 운전을 하지만
생활은 그에게 낯선 전선이다.

성하(盛夏)

여름, 거대한 해일이 밀려왔다

불온하게 지켜오던
이념의 성과들이 모래성처럼 무너지자
한 때 성실했던 성안의 기사들과
거리의 상인들은 일제히 사라졌다
완고한 사가들은 비통해 했고
표정과 이름을 일시에 잃은
그들의 통곡 소리가 온 나라에 울려 퍼졌다
거리에서 운명을 저울질하던
엉터리 점술가들과 싸구려 논객들은
무너진 성곽의 잔해 위에서 만세를 부르고
면전에서 그들을 창피 주었던 모든 이들
감옥으로 유배지로 줄을 이었다

스산한 바람이 불었다

그 바람 속에서 몇몇 혁명가들
긴 전향서를 다중 앞에서 낭독을 했고
그러나 그들의 목소리는 떨림이 없었다
광장 여기저기선
지난 시절의 교의들이 불태워지고
쓸쓸한 바람 속에서 바람(願)들이
구겨진 휴지처럼 굴러다녔다
그리고 한동안
그 어떤 함성소리 들리지 않았다

뜨겁고 지루한 여름이었다

유혹

처음에는 귓가에서 맴돌던
소리 이내 마음으로 내려앉는
아우성

아니다 아니다 도리질 쳐도
틀림없이 느껴지는 소리
아우성

비 내린 후 고개를 드는
봄풀의 몸짓으로
몸살처럼 왔다 간 기억 그
희미한 끝으로부터
다시 다가오는 소리
아우성

여름으로 가는 길
늘어진 어깨를 치며

점점 더 확실하게 들려오는 소리
무엇인가 이제는 결코 돌이킬 수 없는
이 떨림 일어섬에 대한 욕망
부추김 속에서 열리는 6월.

재기(再起)

심상치 않다
예고된 장마도 한여름
빨랫줄에 매달린 옷들의 흔들림도

낯선 평온이 흐르는
거리의 숨죽임
중성(中性)의 앳된 가수들의 노래 속에서
빠른 리듬으로 저무는 한 계절,
가시오 불빛에서 일제히 출발하는
자동차들의 일사불란함,
방심한 오후를 틈타 문득
전해지는 세금 고지서들의
짓궂은 표정들,
예정된 모든 부서짐이란
이렇듯 질서정연한 것인가 그러나

심상치 않다

생활의 총구 앞에서도
무장해제 당하지 않은 사람들
오랜 침묵을 깨고, 그러나 아직은
조심스럽게 귓속말을 나눈다
아, 웅변보다 구체적인 저 수화(手話)
손짓너머로 보이는 잔잔한 웃음
나는 다시 그들이 불온해 보인다

그리움 뒤에는 무엇이 남는가

버스를 대절하여 동료들은 광주로 떠났다

실직한 선배는 방안을 뒹굴며
묵은 잡지를 뒤적거리다 낮잠을 자고

동료들은 광주에 도착하여 새벽 무등산에 오른다

미처 정리하지 못한 옛 시절의 문건이
책장 서랍에서 불쑥 발견되었다
낯선 얼굴 낯선 표정으로

그들을 맞는 광주, 잠든 도시의 위장된 평화로움

선배는 생활정보지를 손끝으로 짚어 가며
숙독을 한다 진지한 위폐 검사원처럼 그러나
그의 손끝은 매번 공허하다

공허한 표정으로 나는 묵은,
문건들에게 인사를 한다
문건의 문구가 두루뭉술해질수록
정세도 우리들의 실천도 두루뭉술해졌다
광주의 슬픔도 그렇듯 무뎌진 건 아닐까
싸움이 없는 시대의 향수이고 그리움으로
한때의 훈장으로, 그리하여 끝내는 자괴감으로

한숨을 내쉬는 선배의 발등으로
열린 창으로 날아든 꽃씨 하나 살포시
앉았다 미끄러진다

미끄러져 깨진 발등을 문지르며
무등의 정수리에서 미명의 광주를
바라보며 동료들은 다짐한다
아직 끝나지 않은 슬픔,
아직 끝나지 않은 싸움에 대하여

선배는 꽃씨를 집어
창밖으로 날리며 생각한다 무리 속의 힘,
정제된 일꾼들 속에 함께 할 때의 든든함

때 절은 문건 속의 당당한 표현, 다시
살아나야 할 그 공세적 지향들의 올곧음을 믿으며
내가 나에게 묻는다 그리움 뒤에는
이 눈물 나는 그리움 뒤에는 무엇이 남아야 하는가

돌아오는 동료들의 잠든 이마 위로
가장 밝은 광주의 밤 별 하나 반짝 내려와 박힌다.

원죄처럼 아리고 애인처럼 절실한

5월은 왔다 내 부끄러운 생활 나타와 안정* 위에도 당신과 내가 시나브로 잊어 가는 그 기억과 그러나 결코 잊어서는 안 될 붉은 그 시간 위에도 부지런히 꽃을 피우는 베란다 화초 위에도 어머니의 심장병 알약 봉지 위에도 친구들의 문자메시지와 전자메일 위에도 대학 입시를 준비하는 아들의 눅진 가방 위에도 오가다 만나는 이웃의 옷차림 위에도 애완견들의 잘 관리된 털과 도도한 발걸음 위에도 애인들의 깍지 낀 손등 위에도 파업 중인 노동자들의 질끈 동여맨 머리띠 위에도 공장 벽면을 가로지르는 현수막의 붉고 푸른 단호한 글자 위에도 거리의 나무 위에도 나뭇가지 위 새들의 발등에도 꽃들의 오만한 가시 위에도 TV에도 신문에도 산에도 바다에도 세상의 모든 철조망 위에도 최전방 초병들의 차가운 총신 위에도 행복한 당신의 눈물 위에도 불행한 당신의 미소 위에도 5월은 왔다 진혼과 다짐을 당당하게 요구하며 약속과 실천을 꼼꼼하게 확인하며 무뎌진 내 기억의 능선을 타고 넘어 5월은 다시 왔다.

---

* 김수영의 시 '폭포'의 한 구절에서 인용

꿈
—새로운 싸움을 위하여

내 머리 위에서 구호들
수신되지 못한 모스(Morse) 부호로 떠다니고
누군가 저편에서 손을 흔든다.

익명의 손들에 떠밀려 이른 광장
붉고 푸른 글자들로 가득한 현수막은
잎이 진 나무 위에서 홀로 떨고
흩뿌려진 정적(政敵)들의 전단(傳單) 위로
어지럽게 교차하는 발길들.

광장에도 어둠은 찾아들고
선동가의 목젖처럼
밤바람에 떨고 있는 깃발과
야수의 눈으로
어둠 속에 붙박인 포스터들만이
스산한 광장을 지킨다.

바로 그때, 듣는다.
귀 기울이지 않아도 들린다.
한낮의 승리에 들뜬 이들,
회관과 술집에 모여 축배를 들 때
전열을 가다듬은 정적(政敵)들이
잠든 도시의 외곽을 넘는 소리.

체 게바라 평전을 읽고

꿈을 실현하기 위해
결사(決死)의 실천을 경주하는 인간은
아름답다.
그 실천 속에서 죽은 이는
비장(悲壯)하지만
그 죽음은 산(生) 자들의 가슴에
신화가 된다.
그리고 그 신화는
넓고,
크고,
깊은, 더 많은 사람들의 실천에
동기를 부여하고
정당성을 보증하며
용기의 모체가 된다.
같은 신념 속, 산(生) 자들에 의해
그 의미는 끊임없이 확대재생산 되며,
그 과정 속에서 세상은

조금씩 조금씩

개량되고,

개선되고,

마침내는 혁명 된다.

봄, 이 두려운

주인 잃은 책상, 입 벌린 채 잠이 든 책가방, 고집 센 필통과 필기도구들, 방전된 배터리들, 찾지 않는 실내화, 펼쳐지길 기다리는 참고서, 빈방의 불편한 적요, 저 홀로 점멸하는 현관의 센서. 불리지 않는 교가, 읽히지 않는 급훈, 기도 중인 교탁, 침묵하는 칠판, 완강하게 닫힌 사물함, 휘발을 멈춘 실험실의 알코올, 빈 교실 속의 공명, 심심한 운동장의 돌멩이, 먼지 앉은 철봉, 가발 쓴 교목, 배고픈 꽃병, 언제나처럼 휘날리는 국기, 저 홀로 유쾌한 TV, 맘껏 우는 알람 시계, 버려진 신문, 세탁된 청바지, 함구하고 있는 서랍들…….

허공을 떠도는 울음,
바닥을 흐르는 비탄,
영점 조정을 마친 분노,
자꾸 익숙해져 점점 두려운 그곳의 봄.

진혼곡조(鎭魂曲調)

기억하마 아들아 딸아 꽃 피는 봄날 너희는 그렇듯 지고 채 피지 못한 너희의 꿈들이 아우성치는 진도 앞바다 미처 눈물 흘릴 틈도 없이 도둑처럼 찾아든 그 매정한 물결 너머로 부표(浮漂)처럼 떠다니는 너희의 마지막 웃음소리 기억하마 멈춰진 시간과 함께 수장된 너희의 꿈 너희의 노래 너희의 환한 인사 기억하마 이후로 오랫동안 못난 아비들의 무심한 일상 위로 질기디 질긴 환청으로 흐를 너희의 절규 너희의 원망 야속해하던 눈빛 기억하마 너희는 결코 용서하지 마라 어른들의 탐욕과 어른들의 안일과 어른들의 나태와 어른들의 무관심과 너희의 화사한 희망을 시샘한 '세월'의 용렬을 결코 용서하지 마라 다만 아들아 딸아 못다 부른 노래 차마 못한 이야기는 너희가 살던 곳 꽃과 나무와 새들이 마저 하고 너희 눈이 닿았던 모든 사물들이 대신하리니 부끄러움을 모르는 이 치욕의 땅 어른들의 세상에 미련 갖지 말고 부디 편히 가거라 가서 편히 잠들고 다시는 이곳을 찾지 말아라 내 너희를 위하여 짧은 노래를 지어 부르니 멀고 먼 하늘 길 쉬엄쉬엄 가면서 노래를 불러라 뒤돌아보아선 안 되느니.

4월, 그날

하늘이 사람을 버리고
사람이 사람을 버리고
최후로 사람이 하늘을 버린 날
사람의 소리로 우는 새들과
사람의 얼굴로 피어나던 꽃들도
하나둘씩 기꺼이 봄을 버렸다.

광화문광장 예술가 텐트촌에서

본래 우리 것이었으나
지금은 빼앗긴 모든 것을
되찾기 위하여
가끔은 우리 것을 빼앗아 간
저들의 방식으로
저들을 타격하지만
그러나 우리는 우리의 방식으로
도덕적 정당성을 선점하면서
가장 예술적인 방식으로
가장 반(反)예술적인 것들의
심장을 겨냥하거나 끌어안으며
버려지거나 기억되지 않을 수도 있는
사소한 일상에서부터…….

제2부

불면

아내가 두드리는 컴퓨터 키보드
경쾌한 음계를 따라 걷다가
그녀의 소설 속
전 글자 이내로 삶이 마감되는
소년의 죽음을 애도하다가
애도하며 쓸쓸히 다시 걷다가
마침내 다다르는 아내의 꿈속,
그곳엔 압축과 분리, 수정과 저장
모든 통과의례를 마친 자음과 모음들이
거친 숨을 고르며 오롯이 앉아 있네
나의 잠으로 이어진
굵은 동아줄을 기다리다 기다리다 지쳐
도트 프린터 느린 보폭으로 걸어 나오면
낯익은 표정으로 나를 맞는 새벽,
나는 또 새벽에 홀로 서 있네.

이 풍진 세상을 위하여*

사각(斜角)으로 세워진 미완(未完)의 그림. 그림 속 오두막, 한 평 남짓 마루에서 미아(迷兒)처럼 졸고 있는 마른 옥수수 서너 개와 술병 하나. 저녁 어스름이 무채색 물감처럼 번져 오는, 오두막으로 이어진 아버지 시계(時計) 같은 과묵한 외길. 사냥을 마친 맹수의 심장처럼 일렁이는 밤바다. 가끔 그림 밖으로 서슴없이 튀어 나온 사구(砂丘)를 넘은 용감한 포말 몇 개.

---

* 화가 이승희 씨의 유화(油畵) 제목

가수 승미

그녀는 불모지 위에 피어나는 들꽃
몰락하는 왕국의 마지막 사관(史官)
갇힌 새장 속에선 울지 않는 카나리아
오래된 그림의 당당한 얼룩
멈춘 시간 위를 날아가는 그리움의 화살

때로는 순명(順命)하는 꽃들의 비장함으로
때로는 저 들판의 바람 소리로

끝내는 아프고 쓰린 가슴들 위로
소리 없이 스미고 생색 없이 위로하는
맑은 강물의 순정함으로
이 시대의 꿈과 필연적 자유 위를
불고 스미다 솟구쳐 흐르는 그녀의 노래.

꿈꾸는 낙타

—오혁재에게

나는 꿈꾸는 낙타, 가끔은
사막과 마주한 하늘로 날아올라
새처럼 먼지처럼 흐르는 꿈을 꾼다
열 개의 산을 넘고,
백 개의 들과 사막을 지나고,
천 개의 숲을 지나는 꿈
열 번의 눈보라와
백 번의 폭우와
천 번의 바람을
맞고, 건너고, 가르는 여행.
마침내 여행을 마치고 돌아오는 길,
네 발의 발톱과 눈썹과 꼬리,
최후로는 몸통마저
마모 소진되어 사라진다 해도
자유로운 비행,
자발적 의지에 의한 당당한 선택,
목숨과 맞바꿀 아름다운 모험을

결코 후회하지 않으리.

나의 꿈이 흐르다 밟히고,

밟혀선 다져지고, 다져지다 우뚝 설 이곳,

사막은 더 이상 황량하지 않으리.

봄비

꾸중 듣는 아이처럼
소리 없이 내렸다 봄비
갑자기 늙어 버린 아들과 아기 같은 엄마가
불도 안 켠 방 안에 정물처럼 앉아
흘러간 시간 어디쯤에선가 놓쳐 버린
기억되지 않을 기억들을 더듬고 있을 때
보이지 않는 빗물은 벽을 타고 흐르고
흐르다 창문을 타고 흐르고
흐르다 방바닥을 적시고 끝내는
모자(母子)의 가슴속으로 흐르다
스미었다 보이지 않는 빗물이
보이는 모든 것들을 적시며 흐를 때
침묵처럼 무거워진 가늠할 수 없는 시간은
저 혼자 물에 잠겨 컥컥 자맥질했다
가량없는 아들의 마음 밖으로
하염없는 엄마의 마음속으로
내리고 흐르고 고집스레 스몄다. 봄비.

비와 함께 흐르는 늦봄의 오후

4월의 끝자락쯤 비는 내리고
하루 종일 쉬지 않고 비는 내리고
낮인데도 밤처럼 세상이 어둡다.
세고 집요한 빗줄기는 시간이 지나면서
하나의 물살이 되어 거리를 점령하고,
내리면서 흐르는 빗물과 함께
떨어진 꽃들도 함께 흐른다.
지금 이 순간 누군가도 나처럼 창문을 통해
완강하고 당당한 빗물의 흐름을 지켜보고 있을까.
멀거나 가까운 익명의 그에게
나는 가벼운 안부를 전한다.
안녕, 혹 당신도 돌 같은 고뇌의 무게 때문에
자유롭게 흐를 수 없어 안타까운가
비와 함께 시작해 비와 함께 저무는 늦봄 오후.
무방비로 젖어 드는 주말의 도시 위로
사신의 망토처럼 스멀스멀 밀려오는 저,
저 익숙한 어둠.

실연한 애인들을 위한 보고서

겨울, 힘겨운 사랑 헝클어진 관계를 떨치려
홀로 걷던 외진 길 한편에 내려놓았던 아픔들은
바람과 눈과 빗속에서 숙성되어
바뀐 계절과 함께 더욱 깊은 슬픔이 되어
연인들의 일상 속으로 술처럼 흘러들었다.
그때, 가깝고 먼 곳에서 새가 울고 꽃이 피었다.
미처 정리되지 않은 채 이월된 사랑은
가시가 되어 연인들의 가슴에 상처를 냈다.
그들은 너무 그리워서 울었고,
너무 서러워서 침묵했으며,
너무 사랑해서 화를 냈다.
봄은 그리움과 서러움 그리고
연정을 자양으로 꽃을 피웠지만
아픔은 계절 내내 온전히 그들 몫이었다.
그 아픔 속에서
그들 중의 몇몇은 사랑을 부정했고,
몇몇 중의 일부는 더욱 사랑에 침잠했으며,

일부 중의 어떤 이는 실어증을 앓았다.

그들의 아픔이 더욱 깊어질 때

때 없이 눈 내리고, 바람 불고, 세찬 비가 내렸다.

당황하는 봄의 표정 뒤로

연인들의 아픈 시간이 속절없이 흘렀다.

그리고 어느 아침

지난밤의 대견하고 가혹한 다짐으로

가슴이 까맣게 타 버린 연인들의,

슬프지만 단호한 눈앞에는

문득 낯설면서 익숙한 계절이 서 있었다.

다시 여름이 시작된 것이다.

소나기

현실과 꿈이 혼재된
어머니의 혼곤한 잠 속으로 이어진,
늘어진 오후의 시간 위로
갑자기 떨어지는 빗방울
꼭지가 잘린 채소처럼
힘없이 졸던 사물들,
깜짝! 놀라고 갑작스레 부산해진다
달궈진 포도(鋪道) 위에서
빙수(氷水)처럼 만난 비
아파트 입구 3시 55분.

순명(順命)

조짐은 며칠간 계속되었다 때때로 현기증이 일었고, 모목(母木)의 집착은 아프게 깊었다 저녁이 되어 익숙한 바람이 찾아올 때면 신경선 몇 개가 툭, 끊어지는 느낌이 들었다 나를 찾은 바람은 적의(敵意)가 없었고 마음은 오히려 편안해졌다

긴긴 꿈을 꾸었(던 것 같)다 오래전 모목(母木)의 몸 밖으로 나가기 위한 안간힘 속에서 보았던 허허롭게 떨어지던 꽃들의 모습이 잠깐 떠올랐다 환영인지 실재인지 구분할 수 없었다 문득 피부를 간질이며 불던 바람과 노래하던 새들과 한낮의 태양과 밤하늘의 달과 별 그 모든 것들에게 고맙다는 말을 하고 싶었다 "고마워, 모두들" 맘속으로 되뇔 때 까무룩 하는 의식 밖으로 바람이 불고 비가 내렸다

다시 또 몇 가닥의 신경선과 실핏줄들이 툭! 끊어지는 느낌이 들었다 몸에서 무엇인가가 완전히 빠져나간 후(後)의 불쾌하지 않은 나른함이 한꺼번에 밀려왔다 혼곤한

잠…… 그러다 눈을 뜨자 모목(母木)의 우듬지가 아득하게
멀다 아, 나는 날고 있다 세상에서 가장 편안한 몸짓으로
생(生)의 오후 같은 곡선을 허공에 그리며

다시 눈을 감는다
잠깐 슬펐지만
"후회 없어"라고 말한다

10월

10월의 속살을 본 적도 없는데
떠나는 10월의 등 뒤에서 만나는
이 아쉬운 표정과 애틋한 마음은 도대체 뭐지
기억하지 못하는 10월 어느 밤바람 속에서
책임지지 못할 마음 한 자락
취중(醉中)에 살짝 건넸던 건 아닌지
가장 빛나고 아름다웠던 순간에 등을 보인
오래 전 애인 같은 10월이 가네

11월

손님처럼 머물던 11월의 하루가 흐린 얼굴로 떠날 때마다 헤어짐을 겨워하는 가을의 울음소리 사방에서 들려왔다 잎을 잃은 나무들의 건조한 수피(樹皮) 위론 위로(慰勞) 같은 바람이 휩쓸고 지나갔다 모든 기억이 아름답진 않지만 그러나 아름다운 것들은 기억이 된다 가을에게도 기억해야 할 아름다움은 있을 것이다 모든 이별을 만날 때마다 가장 태연한 표정을 지어 보이기 위해 가을은 지금 깊은 생각에 빠져 있다 내 생의 한편에서도 이별은 분주하게 진행 중이다.

12월

이제 이곳은 겨울, 몇 사발의 그리움과
서너 개의 소문들로 견뎌야 하는 계절
이미 들판 여기저기선 불이 오르고
창문마다 방풍(防風) 비닐이 쳐졌는데도
겨울은 선뜻 마을로 들어와
가난한 살림들을 위협하지 않는다
아는 것일까 12월
떠날 것들 이미 다 떠나고
이곳엔 살 부비는 사랑만이 남아 있음을
하지만 무엇인가 이 마음,
모든 것들이 숙면을 준비하며 분주한 이때
자꾸만 돌아보며 흔들리는 마음,
새해가 오고 다시 싸락눈 뿌리며
최후로 겨울이 떠난다 해도
잘 가라 손짓하지 못하고 머뭇거릴 이 마음은.

겨울비

봄의 척후(斥候)가
몇 차례 다녀간 후
수긍한 듯 체념한 듯
보는 것을 비워 내며
겨울이 운다.
한 계절을 용케 견딘
허허로운 마음 위로
한 방울 두 방울
떨어지는 눈물, 겨울비(悲).

동지(冬至)

진술을 거부하는 확신범처럼
단호하게 닫혀 있던 모든 창문들
호기심에 빠져나온 엷은 빛들은
골목을 벗어나자마자 길을 잃었다
겨울의 본대(本隊)가
밤새 뿜어 댄 입김은
언 도시의 구석구석으로 스며들었고
길 위에서도 길 밖에서도
바람은 결코 쉬지 않았다.

교감(交感)

날이 차다.

창(窓)의 안과 밖에서
무료하게 흐르는 겨울의 시간.
블라인드 각도를 조절하자
머뭇거리던 오후의 햇살이
사무실 안으로 수줍게 들어선다.
은밀하게 숨어 있던
책상과 책꽂이 위의 먼지들,
선명하게 드러난다. 빛의 살 위에서
아슬아슬하게 진동하는 미세한 먼지들.
먼지와 먼지 입자 사이를 관통하는 빛의 결들.
보이지 않던 것들의 보이는 움직임,
질서 없던 것들의 일사불란함.

사물들이 새롭다.

팔을 내밀어 미닫이 창문을 열자
빛과, 움직임이 둔해진 먼지 입자들 사이에
길이 생긴다. 당당하고 위압적인 겨울바람이
점령군처럼 순식간에 사무실 안에 들어차자
사물들은 긴장한다. 먼지의 움직임이 부산하다.
빛은 더욱 투명해진다.

사물들은 살아 있다.

모든 사물들은 나와 더불어
숨쉬고,
움직이고,
낡아 가고,
숨 가쁘다.

꽃샘추위, 황사

그리 쉽게 떠날 수는 없었을 거야 꽃들의 아우성이 맘을 흔들어 놨다지만 이해해 피를 보이며 서로가 서로에게 엉켜 붙는 모진 사랑처럼 절절한 건 없을 거야 종이에 벤 방심한 손가락 그 상처에서 흐르던 선홍빛 핏물의 불쾌한 이물감과 쓰라림처럼 이미 시작된 봄 속에서 비틀거리며 네가 걷던 길목 아쉬움과 서러움에 이미 반쯤 열린 나무들의 새순 위에도 자동차 차장과 지붕과 아무 곳이나 끝내는 내 얼굴과 때 전 내 운동화와 헝클어진 머리 위로도 핏물처럼 흔적을 남기며 툭툭 떨어지던 너 너의 흔적들 끝내는 눈과 입 몸속으로 들어와 눈물짓고 기침하게 하는 집요한 앙심 그 엉킨 마음을 사랑이라고 생각할게 알겠어 정말 알겠어 콜록콜록, 콜록콜록!

죽음의 얼굴

겨울 밤,
온 집안을 가득 메운
미안한 안도(安堵)는
가족들의 눈빛 속에서만
은밀하게 오고 갔다

오래 앓았던 그녀의
곱게 빗겨진 머리,
짙은 눈썹
제 힘으로는 어쩔 수 없는 눈꺼풀,
구겨진 조화(弔花),
쿵쿵 뛰어다니며 장난을 치는
그녀의 어린 딸,
갑자기 분주해지는 발길들,
마루 한편 익숙한 가구처럼 놓여진
나무무늬가 선명한 관,
바람에 흔들리는 조등,

짖지 않는 개,

문밖 버려진 링거 병 속에서 들려오는

사신의 휘파람 소리,

향내에 실려 문밖을 나서다

이내 되돌아오는

그녀의 발음되지 않는 목소리,

화투판에 뜨는 하얀 벚꽃과 둥근 달,

섞이는 화투장 속에서

흩어지는 그녀에 대한 기억

죽었다.

그녀는

명백하게.

너무 늦은 연서(戀書)

그때 내 맘에도
많은 빛들이 살았지
내 쪽에서 등을 진 빛
무심하게 방치한 빛
감당하지 못하자
스스로 나를 떠난 빛
잃은 빛과 잊힌 빛
나를 떠난 빛 사이에서 자주 현기증을 느꼈지만
그럼에도 불구하고
그때부터 지금까지
단 한 번도 나를 떠나지 않은 채
나와 함께 빛나 온
대견하고 고마운 빛
무뎌진 그리움일망정
끝끝내 지키고 싶은
결코 잃어서도 안 되고
잊을 수도 없는 빛
또는 빛, 당신

상처

들여다보고 헤집어 보고 고개를 갸웃하고 눈물을 쏟고 허허 웃다가 하늘을 보고 다시 헤집어 보고 들여다보다가 한숨을 쉬고 눈물을 닦고 어느덧 벌어진 틈새에선 꽃이 피고 위로의 꽃이 피고 다독이며 피고 질책하며 피고 후회하며 피고 안심하며 피고 화내면서 피고 무표정으로 피다가 결국에는 무감각하게 피어 핀 줄도 모르게 피어 설사 알아도 상관없게 피어 상관있어도 알 수 없게 피어 뿌리를 내린다 견고해진다 상처, 모든 상처는 예수다 석가다 마호메트다

사라진 마을
—가정동 비가(悲歌)

나는 본다.

폐건물의 추한 얼굴과 당당한 얼룩 분노처럼 삐져나와 제멋대로 얽히고설킨 철근들과 밟힌 비스킷처럼 조각난 콘크리트 구조물과 뿌리 뽑힌 나무들과 사라진 언덕과 떨어져 흩어진 개나리꽃처럼 흔적 없이 사라진 '개나리아파트'와 동쪽에서 끝끝내 빛을 내지 못하고 사그라진 '동광맨션'과 이제는 더 이상 존재하지 않는 대리석 계단과, 무너지는 담벼락을 안간힘을 다해 움켜쥔 담쟁이넝쿨과 더 이상 그 누구의 몸도 욕(浴)하지 못할 사라진 목욕탕과 새끼를 안은 채 먼지를 덮고 누운 곰 인형 가족들과 병아리 같은 아이들의 변색된 '병아리 그림'과 살아생전 당당한 의장을 자랑했던, 그래서 더욱 초라한 몰골의 은행과 병원과 뷔페와 예식장과 학원과 주유소의 속살들과, 버려진 아파트 내부의 검버섯 같은 곰팡이들과 그 위에 보색대비로 피어난 붉고 노란 열한 송이의 꽃들과 누군가가 눌러 주길 포기하지 못하는 빈방의 스위치들과 열어 줄 사람도 닫아 줄 사람도 없어 외로운 문들과 길고양이들의 울음소리가 공명이 되어 퍼지는 지하 주차장과 버려진 식탁과 다리 부러진 의자와 문짝이 떨어진 냉장고와 더 이상 갈 곳을 잃은 모든 길과 콘크리트 도로와 눈 내린 들판에서 홀로 임종을 기다리는 중앙아파트의 둠벙 같은 외로움을,

나는 본다
보다가 스며들고
스며들다 번진다
어느 날 갑자기
완벽하게 사라진 마을 앞에서.

상련(相憐)

겨울비 하루 종일 숫기 없는 사내처럼 수줍게 내리는 날 내 무릎과 어깻죽지 속에선 익숙한 휘파람 소리 들린다 시린 그 소리 들리는(憑) 날이면 늘 곁에 있었으나 눈길 주지 않았던 거리의 나무들도 직립의 고행으로 굳어 버린 뼈 하나 일제히 꺼내 들고 심장에 굵고 선명한 금을 긋는다 나이테를 만든다 거리를 가득 메운 나무들의 신음 소리 한 계절을 견딘 대견한 뿌리들이 고비를 넘는다 점멸하는 신호등 불빛처럼 나의 그리움도 단속적(斷續的)으로 깜빡깜빡 겨울비 하루 종일 보슬보슬 내렸지만 시린 무릎으로는 나 당신에게 끝끝내 닿지 못한다.

홍예문에서
—익숙한 거리에서 기억을 줍다1

정거장은 어김없이 차를 세웠다 62번 버스는 재빠르게 나를 뱉어 냈고 나의 발은 자유공원 쪽으로 길을 잡았다 문구용 칼로 새긴 문신만큼 엉성하고 그 칼날 끝에 묻어나던 핏물처럼 선명한 10대의 기억이 지하도 입구로부터 연기처럼 스멀스멀 피어올랐다

나와 더불어 나이를 먹은 퇴락한 역사(驛舍) 뒤편 외진 골목 안에는 피범벅인 침과 함께 흩뿌려진 여물지 않은 치기(稚氣)가 아직도 웅크린 채 담배를 물고 있을까 낯익은 거리마다 들어찬 낯선 프랜차이즈 음식점과 남근(男根) 같은 건물들

거리에서 주워 든 기억들은 방심한 가슴에 작은 물길을 내곤 하지만 그러나 그것은 신기루 같은 것 그 거리를 벗어나면 채소의 잘린 꼭지처럼 하찮게 버려지는 것 기억에 대한 마음의 기울기란 늘 그런 것이다 그 기울기만큼 경사진 언덕을 터덜터덜 걸어서 홍예문을 통과할 때 부두에 정박

한 화물선 마스트 위로 도넛처럼 걸려 있던 부윰한 오후의 해 내 발은 잠시 그곳에 머물렀다.

신포동 백제호텔 커피숍
—익숙한 거리에서 기억을 줍다2

오래전 당신은 자주 나를 찾았다 헝클어진 머리 무뎌진 바지 주름 구겨진 은하수 담배 세련된 디자인의 성냥갑과 함께 비 내리거나 눈 내리거나 혹은 자유공원을 배회하던 심심한 바람이 월미도 쪽으로 방향을 틀고 흐르다 문득 거리에서 만난 당신의 무른 감성 그 숭숭 뚫린 빈틈을 헤집고 들어올 때 그때 당신은 어김없이 나를 찾았다.

항상 당신보다 늦게 나타나던 올림포스 관광호텔 카지노 딜러 당신의 애인에게서 풍겨 오던 알싸한 샴푸 냄새 그녀를 기다리며 종이 위에 무언가를 끄적거리던 당신의 표정 떨림 숨소리 간혹 내쉬는 한숨 기억한다 어느 봄날 당신의 손끝에서 오래 머물던 여느 때보다 많았던 메모지들 갑자기 날카로운 미늘이 되어 당신의 마음을 낚아채던 그 종이 위의 자음과 모음들 한참을 앉아 있다 비틀 일어서며 무언가 결심한 듯한 당신의 마지막 표정 기억한다.

신포동 백제호텔 커피숍

커튼이 드리워진 창가 테이블
카운터를 등진 안쪽
첫 번째 의자였던 나는.

나는 시방 위험한 짐승이다*

날씨도 맘도 궂다 누군가의 심장에 닿지 못한 말들이 궂은 맘과 얽혀서 사방에 둥둥 떠다닌다 한때 문장 속에 누워서 뭇사람의 헤픈 사랑을 내심 즐겼던 수백 수천의 달콤한 시어들이 스스로 시집으로부터 뛰쳐나와 미늘이 되고 덫이 된다 가을 도처에 포진한 상념의 부비트랩들 나는 시방 위험한 짐승이다.

---

* 김춘수의 시 '꽃을 위한 서시'의 한 구절

기다림을 기다리다

기다림은, 꽃들의 하품 속에도 고양이들의 경계심 속에도 커피 자판기 때 절은 버튼 속에도, 있었다 담배 갑 속에도 일회용 라이터의 '번쩍'과 '탁' 속에도 신호 대기 중인 자동차들의 깜박거리는 불빛 속에도 간헐적으로 울리는 경적 속에도, 있었다 그 기다림 속에서 많은 집들은 지어졌다 헐렸고 꽃들은 피었다 졌다

어느 날 질투처럼 익숙한 기다림이 떠나자 맘속에는 이유 있는 강(江) 하나 덩그러니 생겼다 그 기슭을 따라 수많은 나무들이 무럭무럭 자랐다 기다림을 기다리는 날들이 계속되자 맘속의 강물은 몸 밖으로 흘렀다 견딜 수 있을 만큼의 동전 같은 외로움이 그 강물 속으로 찰랑 몸을 던졌다 다시 또 낯선 기다림 곁에 나는 서 있다.

시간의 틈새

며칠 동안 비는 이곳에 있었어요.

비가 이곳에 머무는 동안 시간은 자주 상한 잇몸처럼 물렁해져서 성긴 틈새를 보여 주곤 했지요 그 틈으로부터 오래전 연락이 끊긴 친구들과 젊은 엄마가 웃으며 걸어 나왔어요 때때로 나를 닮은 어린아이 하나 손짓 하며 소리를 질러 댔어요 아버지의 굽은 등이 잠깐 보였고 9살 어린 나이에 얄밉게 죽은 바보 같은 형의 구슬들이 또르르 또르르 굴러 나왔어요 오래전 애인들도 앳된 모습으로 걸어 나와 나의 팔짱을 끼었어요 누군가는 틈의 경계 안쪽에서 등을 돌린 채 흐느끼고 있었어요 그 경계 안으로 얼굴을 들이밀자 여전한 모멸과 아직인 기쁨에 대해 입이 무거운 증인들인 거리와 나무와 가로등조차 정지된 시간 안에 오롯하였지요 나는 잠시 슬퍼졌을 게 분명합니다.

이제 더 이상 비는 이곳에 없어요.
데워진 시간은 점점 죽처럼 풀어지고 있어요.

그 방에서 보낸 한 철

한 명의 애인이 떠나고 나면 또 다른 애인이 짐을 풀었던, 마음만 보내온 애인도 있고 몸만 가져온 애인도 있었던 그 방에서 수음(手淫)의 흔적을 뒤처리하며 사물들과 가끔 눈이 마주쳤지만 그때마다 내가 먼저 고개를 돌려 그들의 표정을 본 적은 없다

사물들의 침묵은 오래 길었고 나의 모멸은 짧고 굵었다 소리에 길을 터 준 벽을 통해서 쏴아 하는 빗소리와 서너 개의 빗방울이 베갯머리에 닿기도 했던 그 방에서 나는 자주 책상 모서리나 의자의 등받이에 몸을 찧었다 손을 뻗으면 닿지 못할 사물들이 그곳엔 없었다 수인(囚人)의 거처처럼 좁은 방에선 사물과 나는 구분되지 않았다

무뎌진 의식조차 낮은 포복으로 기어 다녔고 보호색도 없는 나의 체모(體毛)들은 용케도 그 방을 견디고 있었다 산 것과 산 척하는 것, 몸과 마음, 사물과 나의 경계가 무너져 버렸던 그 방에서, 그렇게 낮과 밤, 겨울과 가을, 여름과 봄

이 제멋대로 지나가던 어느 여름날, 잠에서 문득 깨어 거울을 보자 사물보다 더욱 사물 같은 사람 하나 거기 있었다 깊고 깊은 모멸이 앞에 있었다.

사청사우(乍晴乍雨)*

가루눈 몇 송이 허허롭게 띄우며
시간이 지날수록 흑백으로
더욱 조밀해지던 하늘

편두통 같은 구름을 젖히고
다시 햇살이 얼굴을 내밀자
바람을 견딘 사물들
고개를 들어 투명한 햇살을 받는다

투명함은 가끔
꿈꾸는 존재들의 심장을 향한
날카로운 비수가 되곤 한다
믿을 수도 없지만 포기할 수도 없는
달콤한 고통을 은밀하게 품고서

---

* 변덕스런 날씨를 의미함. 김시습의 동명(同名) 한시에서 차용

오후가 되면서 날은
흐리다 개다를 반복했다
다시 또 이곳에 눈 내린다면
제법 굵은 눈송이를 만날 것이다

점점 더 낮게 내려앉는
오후 두 시의 하늘 한편으로
비둘기 몇 마리 느리게 날아간다
나도 기다림이 지배하는 시간 속으로
묵묵히 든(入)다

시간(時間)

사물의 꿈속에서 잠들어 있던 그는
오전 9시쯤 되어서야 비로소
길고 나른한 기지개를 켰다.
그때 하늘은 투명한 빨대를 내려뜨리며
메마른 지상과 교신을 시작했다. 비(雨).
분주한 발들에 실린 사람들을
부지런한 버스들이
계속해서 삼키고 뱉어 냈다.
떨어질 꽃과 이미 떨어진 꽃 사이에서
그는 잠시 머뭇거렸다.
머뭇거리는 그의 머리칼 위로
위로처럼 젖은 바람이 불어왔다.
그가 다녀간 후
잠 깬 사물들의 속살 깊은 곳에는
굵고 선명한 금이 그어졌다.

제3부

마음으로 듣는 소리
—힘내요 태인 씨

오른쪽 귀에서 소리가 떠난 후
태인 씨는 마음으로 소리를 들으십니다.
내가 온전히 못 듣는 소리까지
태인 씨는 용케도 읽어 냅니다.

이른 아침 일어나 현관을 나설 때
팝콘 같은 눈송이가 소담스럽게 날립니다.
아직까지 기침(起枕) 전인 태인 씨의 꿈속에도
내가 보는 눈송이가 날리고 있다면
태인 씨는 분명 그 눈을 바라보며
얘야, 눈이 참 복스럽게 내리는구나.
스르륵 스르륵 저 소리가 참으로 듣기 좋지 않니?
하실 게 분명합니다.

일찍 집을 나선 사람들의 발자국 위로
수많은 스르륵은 쌓이고 또 쌓이고
그렇게 지워진 발자국 위로

또 다른 발자국이 새겨집니다.
태인 씨의 꿈속을 가득 채운 눈송이는
이내 내 맘속으로 들어와선 굵어집니다.

그 눈송이 하나하나가 외로운 사람들의 외로움으로,
그리운 사람을 향한 그리움으로 느껴지는 건
태인 씨가 내게 일러 준 마음 때문입니다.
외로움도 그리움도 소리로 듣는,
외로워서 결코 외롭지 않은
태인 씨 외로운 마음 때문입니다.

가을 앞에서
—힘내요 태인 씨

여기저기 가을꽃 지천인데
다리가 불편한 우리 태인 씨
꽃구경 한 번 가지 못하고
덜컥 가을이 저물까 걱정입니다

가을비 몇 차례 더 내리면
여린 꽃들은 쉽게 목이 꺾여 스러질 테고
차가와진 바람은 넉살 좋은 사위처럼
문만 열면 옷깃을 파고들 텐데
빈집의 적적함을 홀로 견디며
가끔 창문을 통해 바라보는 가을 하늘은
얼마나 야무지게 눈 시릴 건가요
얼마나 눈치 없이 청청(靑靑)할 건가요

만약 내가 태인 씨 마음 밭에 들어갈 수 있다면
하루 밤에 수천 송이 알록달록한 꽃들을
원 없이 심어 놓고 돌아올 텐데

하지만 우리 태인 씨 마음속에는
이미 수천 송이 꽃들이 하늘거리는
넓디넓은 꽃밭이 서너 개쯤 있을 거라고
자꾸만 믿고 또 믿고 싶어요

그 꽃밭 가득한 향기에 취해
태인 씨는 소녀 같은 표정을 하고
나는 오래전 아들 같은 아들이 되어
흐드러진 꽃 사이를 함께 걸으며
맑디맑은 태인 씨 웃음소리를
자꾸만 듣고 또 듣고 싶어요.

슬리퍼를 돌려놓으며
—힘내요 태인 씨

늦은 밤 귀가해 태인 씨의 숨소리를 한참 동안 곁에 앉아 듣고 있다가 목욕탕 문을 열고 슬리퍼를 살짝 돌려놓습니다. 태인 씨, 새벽에 일어나 화장실 갈 때 슬리퍼 신다가 넘어질까 봐 신기 편한 방향으로 돌려놓은 거지요. 슬리퍼도 순종하는 모습으로 자리를 잡습니다. 창문 앞을 서성이던 겨울바람도 눈인사를 보내며 숨을 고릅니다. 앞이 막힌 슬리퍼의 여백 속으로는 모자(母子)의 마음 같은 고요 한 줌이 살짝 들어가 잠을 청합니다. 냉장고의 숨소리가 유난히 큰 밤입니다.

어느 볕 좋은 날
—힘내요 태인 씨

태인 씨, 웃는다 웃음의 순도(純度) 만큼 세상에 미세한 파문이 인다 공기의 미동(微動)에 놀란 나무 위 새들은 일제히 하늘로 날아오르고 미처 잎을 달지 못한 나뭇가지들 수런거린다 태인 씨의 눈빛과 호흡의 사정거리 안에서 그녀의 눈물과 한숨을 보아 왔던 사물들, 웃는다 웃으면서 비로소 안심한다.

열꽃
—힘내요 태인 씨

길가의 꽃들과 초여름 오전의 화사한 햇살에 취해 집 앞 공원에서 한참을 걷다 돌아온 태인 씨, 잠깐 휘청, 흔들리며 모자와 옷을 털자 현기(眩氣)처럼 꽃가루가 풀풀 날렸다 꽃들의 한 생이란 너무도 짧아 오랜 태인 씨의 바람(願)과 염려를 결코 헤아리지 못하는 걸 알면서도 태인 씨는 늘 꽃들을 볼 때마다 꽃처럼 환하게 웃곤 하였다 다시 휘청, 태인 씨는 손가락으로 눈가를 지그시 누르며 자리에 누웠다

그날 밤 태인 씨의 온몸에도 뜨거운 꽃들이 피었다.

저울

—힘내요 태인 씨

계절이 바뀔 때면
파킨슨병 태인 씨의 오른손은
갈피를 잃고 제멋대로 부산하다.
마치 한 생을 저울질하는
저승의 판관 앞에서
판결을 기다리며
떨고 있는 수인의 손처럼.

그러나 곤충의 고치처럼 움츠러든
저 작은 몸속에 담긴
뜨거웠던 한 생의 무게를
온전히 감당할 수 있는 저울이 있을까.

점점 작게 점점 여리게
부박한 세상과의 완전한 격절을 준비하는
치열했던 한 생의 눈물겨운 장엄함이여.

이른 귀가
—힘내요 태인 씨

자꾸자꾸 쥐며느리처럼 둥글게 말려 가는 태인 씨 작은 등을 두드려 주기 위해 오늘은 일찍 들어갑니다. 살이 없어 등뼈들이 계단처럼 불거진 태인 씨 굽은 등을 쓰다듬다 보면 목부터 시작해 엉치뼈까지 오톨도톨 도드라진 그녀의 젖은 이야기들이 주르륵 주르륵 흘러내려요. 높고 드센 세월의 강파(江波)를 힘겹게 헤쳐 오며, 가슴에 묻어 둔 이야기들이 곡진(曲盡)하고 먹먹하게 손끝에 전해져요. 그 오톨도톨 속에 녹아 있는 신산(辛酸)한 삶의 어디쯤엔가 내 이야기도 오롯이 있을 거예요. 그 이야기를 만나기 위해 오늘은 술 약속도 취소하고 일찍 집에 들어갑니다.

수돗물 좀 꼭꼭 잠가 주세요
—힘내요 태인 씨

30년생 태인 씨, 다음부터 수돗물은 꼭꼭 잠가 주세요. 태인 씨가 수돗물을 잠그지 못할 때마다 나는 정말 많이 속이 상해요 물이 아니라 태인 씨 마음, 태인 씨 몫의 시간이 깊이를 알 수 없는 웅덩이 속으로 자꾸만 안타깝게 끄르륵 끄르륵 빨려 들어가는 것 같기 때문이지요. 그까짓 물값이야 뭔 대수겠어요. 그런 건 아무래도 상관없어요. 하지만 수돗물은 꼭꼭 잠그셔서 자꾸만 춤을 추는 태인 씨 마음, 태인 씨 몫의 시간 좀 꼭꼭 붙잡아 주실 수는 없는 건가요. 화장실 다녀간 우리 태인 씨, 또 마음을 안 잠그셨네. 태인 씨 센 머리칼처럼 하얀 전등불 밑으로 85년 된 마음이 콸콸.

무상(無常)

막 꽃이 피기 시작한 어느 봄날, 아버지는 마루 끝에 나와 앉아 말없이 두 평 남짓 화단만 바라보고 있었지요. 안방에 펼쳐진 성경책 위에는 흠집 난 돋보기가 다리를 교차한 채 가부좌를 틀었고, 아버지의 성긴 머리칼들이 봄바람에 힘없이 흔들리고 있었지요. 고치 속 웅크린 애벌레 같은 아버지의 등 뒤로 약속한 시간들이 웅덩이를 이룰 때, 아버지 생애 같은 옹색한 봄 햇살 한 줌 당신의 마른 몸을 수의처럼 감쌌지요.

그날 저녁 아버지는 양치를 하다 삭은 치아 두 개를 잃었습니다.

겨울, 가족공원에서 아버지를 만나다

행려병자의 빈소처럼 고적한 가족공원
점점 짙어지는 어둠을 앞에 두고 아버지
상석에 걸터앉아 기지개를 켰다
오도독 뼈마디 소리에
잠깐 주춤하는 예의바른 어둠
돌 화병 속 조화(造花) 위에
더께로 앉은 아버지의 시간들이
색 바랜 삼베 버선 위로 톡톡 튀어 올랐다
한 낮을 견딘 생화(生花)들의 향기가
밤공기 속에서 분주해질 때쯤
공원의 가로등들 일제히 빛을 달았다
빛이 가르며 뻗어 나간 어둠의 끝을
한동안 바라보던 아버지
옷고름을 고쳐 매며 비틀 일어났다
마른 체구를 감싼 헐렁한 베옷이 밤바람에 펄럭였다
풍조(風鳥)의 깃털 같은 아버지 옷고름이
어둠 속에서도 너울너울 한결같이 환했다.

영별을 위한 짧은 여행의 기록

슬픔과 그리움이 지배하는 그 시간 동안
많은 비가 내렸다 흐르는 빗물 속에서
갈 곳을 정하지 못한 생각들이 흐르고 걸리고
다시 흐르다 부침(浮沈)했다 대렴(大殮)을 마치고
속옷을 갈아입기 위해 양복 상의를 벗자
깊게 침착(沈着)한 익숙한 향내가 코를 찔렀다
향내는 삶만큼 완강하고 죽음만큼 구체적이었다

빈소의 향연(香煙)은 생전 숙부의
굽은 허리와 다리 같은 곡선으로 피어나다 흩어지며
상주와 복인(服人)들의 옷 속으로 스몄다
드러난 슬픔과 눈물 속에 감춰진
일부의 안도와 일부의 후련해 함과 일부의 귀찮아 함을
속속들이 변별하듯 향내의 침착(沈着)은
은근하면서도 집요하게 이루어졌다
그렇게 해서라도 숙부는 상주와 복인(服人)들을
빈소의 시간 속에 머물게 하고 싶었던 것일까

숙부에게도 낯선 길은 두렵고 외로웠을 것이다

아침상식(上食)과 발인제(發靷祭)를 마치고
장지로 가는 동안 잠깐 비가 개었다 그러나
하관(下棺)을 마치고 봉분의 떼를 올리는 동안
다시 비가 내렸다 서둘러 올리는 평토제(平土祭) 제물(祭物)들과
따라 놓은 술잔 속으로 빗물이 튀었다
생전에 약주를 좋아하지 않던 숙부에게
유교식 절차는 억지로 술을 권하고 있었다
슬그머니 물러나와 담배 하나를 붙여서 봉분과 제상(祭床)사이
빗물이 튀지 않는 곳에 놓아두었다.

제문(祭文) 낭독이 끝나자 상주와 가족들은
일제히 곡을 하며 두 번 절하고 반 배(拜)를 한 후
제물을 거두고 우산을 펼쳐든 채 총총히 봉분 곁을 떠났다

삼우제 때면 봉분과 묘비가 의젓하게 자리 잡고 있을 것이다

빗발은 점점 더 거세지고 빗발 속에서
내 상복은 속수무책으로 젖어 들었다
차를 타고 상의를 벗자 몸에서 김이 올랐다
차도 위에서 흐르고 튀고 갈라지는 빗물처럼
나도 피곤함과 슬픔이 버무려진 묘한 감정을 다잡으며
빗물처럼 흐르고 튀고 비틀대며 집에 도착하니 오후 두 시
샤워를 하고 그대로 침대에 쓰러져 잠을 잤다
꿈속에서 여러 사람이 나를 불렀으나
누군지 기억이 나질 않았다 잠깐 깼다가 이내 또 잠이 들고
그렇게 긴긴 잠을 잔 후 다시 깨었을 때는 날이 밝았고
햇살이 눈부셨다 다시 돌아온 나의 일상엔
약간의 먼지만 앉아 있을 뿐 큰 변화는 없었다
이제 남평 문(文)씨 혈족 중
아버지의 형제는 지상에 아무도 존재하지 않는다.

겨울 그 서늘한

며칠 동안 심하게 앓았다.
혼곤한 잠, 순간순간의 현기(眩氣) 속으로
많은 비가 내렸고 바람이 불었다.
바튼 기침을 할 때마다 머리맡으로
가루약 같은 눈발이 풀풀풀 날렸다.
꿈인지 현실인지 구분되지 않았다.

"어머니 저 화초들의 표정이 예사롭지 않아요.
내 신열(身熱)로 보듬어줘야 할 거 같아요."

수액 같은 가을비를 보고 들으며
늦가을 이른 저녁에 붙들었던 잠을 놓자
내 이마를 짚어 주는 서늘한 손길,
겨울은 간병인처럼 그렇게 찾아왔다.

제 4 부

낯선 곳에서 당신의 안부를 묻다

— 운유당(暈遊堂) 서신(書信)

하루의 저물녘, 당신을 생각합니다. 지는 해는 아직도 강강한 편입니다. 예사롭지 않은 여름의 몽니 속에서 새삼 당신의 안부를 묻습니다. 안녕하신지요. 엊그제 일이 있어 찾은 타지(他地)의 시골길을 걷다가 패고 있는 벼 이삭들을 보았습니다. 봄부터 여름까지 볕의 바늘에 찔리고, 불친절한 비바람을 견뎌 낸 대견한 무게감들이 같은 방향으로 일제히 고개를 숙인 채 조용히 흔들리고 있었습니다. 마지막 집중을 통해 안으로 단단하게 응결되어 갈 자신들의 자세를 생각하면서 벼 이삭들은 침묵으로 낯선 타지인의 시선을 견디고 있었을 겁니다.

그런데 그 길 위에서, 헝클어진 옷매무새로 길 위에 버티고 선 여름의 옷자락을 밟으며 숙소로 돌아오던 바로 그 길 위에서, 나는 또 당신을 닮은 꽃 한 송이 만났습니다. 막 기지개를 켜며 이슬을 말리던 그 꽃과 눈이 맞았을 때, 문득 당신의 안부가 궁금해졌습니다. 그때 나는, 만약 당신과 내가 저 공평한 시간 앞에서 약간은 수줍게 묵은 계절의 옷을 벗고, 새롭게 마주할 계절 속에서 서로의 옷매무새를 참견하고 당연한 안부도 서둘러 묻는, 신파 같은 요란함 속에 있게 된다면, 우린 바뀐 계절 속에서 조금은 더 아름다워질 수도 있을 거라는 뜬금없는 생각을 해 봤습니다. 그렇게 당신을 닮은 꽃들과 이야기를 나누느라 나의 아침 산책은 생각보다 길어졌지요.

그리고 다시 돌아온 이곳에서 나는 당신의 당연한 안부를 이렇듯 또 묻습니다. 안녕하신지요. 저도 보다시피 안녕합니다. 계절의 교차로에는 여전히 당신을 닮은 꽃들이 지천입니다. 내 그리움 역시 그 꽃들과 함께 오롯할 겁니다. 보세요. 당신과 나의 여름이 가고 있어요. 가을이 오고 있단 말입니다.

당신과 조용히 늙어 가고 싶습니다

— 운유당(暈遊堂) 서신(書信)

오늘 차를 타고 오다가 문득, 당신과 함께 조용히 늙어 가고 싶다는 생각을 해 봤습니다. 안타깝지도 슬프지도 않을 만큼의 거리를 운명처럼 인정하며, 또한 내 것이 아닌 것에 대한 욕망도 접어 두고, 다만 지켜보면서, 서로를 많이 걱정하고, 가끔 당신의 어깨와 머리카락과 마른 몸을 만지며 그렇게 함께 늙어 가는 삶, 앞산의 능선을 닮아 가는 주름과 그윽한 눈매와 부는 바람에 보기 좋게 흩날리며 헝클어지는, 하얗게 센 머리칼과 너그러운 눈빛을 함께 만들어 가는 삶, 그런 삶을 당신과 함께 살아 낼 수 있다면 얼마나 좋을까를 생각했던 것입니다. 순전히 천연덕스럽게 투명한 햇살과 짙푸른 저 가을 하늘 때문입니다. 생각 뒤의 먹먹함은 온전히 제 몫입니다. 저는 늘 이곳에 있습니다.

당신의 꽃밭

— 운유당(暈遊堂) 서신(書信)

지는 저녁 해를 바라보며 당신과 당신의 꽃밭을 생각합니다. 분주한 오후의 해가 때때로 뜨거운 신발을 벗고 한참을 머물며 그림자 장난을 하던 그 꽃밭에 목마르고 여린 꽃들을 남겨 둔 채 어미 꽃 당신은 어디쯤에서 길을 잃고 돌아오지 못하는 것인지요. 두렵고 황망한 꽃들은 스스로 꽃눈을 닫은 채 떨리는 마음으로 당신을 기다리고 있어요. 그리고 당신의 꽃밭에는 다시 저녁이 찾아들고 있습니다. 기다림을 접을 수 없는 꽃들의 안간힘이 눈물겹습니다. 오늘쯤에는 당신의 꿈속으로 찾아갈 지도 모르겠어요. 언제나 당신의 시간 중 가장 곱고 투명한 시간을 골라내어 앞장세운 후, 여린 꽃들을 만나러 가곤 하던 당신, 아마도 갑자기 불어 닥친 몹쓸 바람을 피해 어디선가 숨을 고르고 있는 중이겠지요. 알아요. 믿어요. 기다리겠습니다. 한결같은 당신의 사랑. 부디 빨리 돌아올 수 있기를 기도할게요. 정말이지 어미 꽃 당신이 없는 꽃밭의 적요는 애인처럼 몰려왔다 손님처럼 물러가는 저 깊은 어둠보다 훨씬 더 깊고 시리답니다.

동화(同化)

— 운유당(暈遊堂) 서신(書信)

상처를 덮은 거즈 위로 붉은 피가 스미듯, 적당한 온도의 물과 만난 다기(茶器) 속 차(茶) 향(香)이 물과 공기 속에 퍼지며 스미듯, 기쁜 당신의 마음속으로, 슬픈 당신의 눈물 속으로, 끝내는 지극히 구체적인 당신의 아픔 속으로 스며들 수 있다면, 모든 뿌리들에 빗물이 스미듯, 열매의 속살에 가을 햇볕이 스미듯, 무척이나 그윽하고 자연스레 스며들어, 어느 날 문득 힘든 당신이 뒤를 돌아봤을 때, 익숙한 풍경처럼, 오랜 그림처럼 나 그곳에 서 있을 수 있다면, 그대의 손과 내 손이 만나 이루는 수줍은 호선(弧線)처럼, 그렇게 빠르지도 더디지도 않게 스며들 수 있다면, 스며들어 끝내는 우리가 하나 될 수 있다면, 좋겠습니다.

만우절

— 운유당(暈遊堂) 서신(書信)

난 당신을 사랑하지 않았습니다.
오후 두 시쯤에 내리는 비나
늦은 귀갓길에 만나는 바람 앞에서도
나는 결코 당신을 생각하지 않았습니다.
멀고 가까운 곳에서 일제히 피는
붉고 노란 꽃들을 보면서도
나는 결코 당신을 떠올리지 않았습니다.
당신이 알다시피 난 무척 용기 있는 사람이어서
아지랑이 봄 들판에 혼자 있어도
도대체 불안할 일이 무에 있을까요.
봄꽃이 당신의 목소리로 말 걸어 와도
도대체 그리울 일이 무에 있을까요.
난 당신을 사랑하지 않은 게 분명합니다.

불면
— 운유당(暈遊堂) 서신(書信)

가끔 왼쪽 어깨가 시리거나 생생한 꿈의 서슬에 놀라 잠이 깨곤 해요. 그때마다 칫솔질 하다가 잇몸을 건드리듯 갑자기 몰려온 격절감은 명치끝을 뻐근하게 만들곤 하지요. 꿈과 현실은 나르삲아요. 그러나 '아직'과 '이미'의 경계에서 견딜 수 없는 현기를 느끼면서도 이 순간만큼은 모든 시인의 펜 끝과 시들은 나를 위한 것이어야 한다고 생각하지요. '여름과 나는 림보를 통과하듯 아슬아슬 하지만 그래도 잘 어울릴 수도 있을 거 같아.'라고 생각할 때쯤 아침은 벌써 손질되지 않는 머리칼 위에 닿아 있어요. 무엇이 나를 아름답게 하는 것인지, 무엇이 검은 동화 속의 나에게 동아줄을 내려 주고 있는 것인지 조금은 알 것도 같지만, 꿈같은 현실과 현실 같은 꿈의 차이를 굳이 변별하기 싫어서 매번 자객의 암기(暗器)에 심장을 맞은 것처럼, 미인계에 걸려 몽혼약을 먹은 것처럼, 새벽의 그 겸손한 적요(寂寥) 앞에 무릎을 꿇습니다. 그러면서 나의 어제와 막 열리고 있는 오늘을 생각하는 것이지요. 불면(不眠)은 때때로 나를 깊게 만들어 줍니다.

상강(霜降)

— 운유당(暈遊堂) 서신(書信)

늘 가는 편백나무 숲에 도착했을 때 하늘은 내려앉고 비 내린다고 당신은 토라진 목소리로 전화를 했습니다. 얼마 전에는 앓고 있는 병증(病症)으로 발에 감각이 없어져 양말이 벗어진 줄도 모르고 한 시진을 보냈다고 연락을 해 오기도 했지요. 그때 당신은 울고 있었습니다.

아픈 여생(餘生)의 향기가 아무리 깊다한들 살아온 삶의 보람과 아프기 전 생각했던 살아갈 시간들의 향기를 대신할 수 있을까요. 편백나무 숲 속에선, 드문드문 찾아오는 손님 같은 바람이 불고, 청하지 않은 가을비가 가을가을 내릴 때, 속절없이 무너지는 마음을 수습할 길 없어, 엄마 잃은 짐승처럼 소리 내어 울지도 모를 당신을 생각하면서 나의 가을 한편도 무너지고 있습니다.

게다가 오늘은 상강(霜降), 국화꽃 위로는 하얗게 서리가 앉고 모든 생명들이 저마다의 방식으로 긴 겨울을 준비하느라 부산해지는 시간입니다. 울면서 숲을 나온 당신의 마음이 한 사찰 시인의 시구(詩句) 속에서 다시 한 번 고비를 맞고 있는 지금, 내가 있는 이곳에도 당신의 눈물 같은 가을비 가랑가랑 내리고 있습니다.

하찮은 대화
— 운유당(暈遊堂) 서신(書信)

오전 11시, 김밥 한 줄, 책 서너 권 챙겨 들고 산에 오른 후, 5시가 다 돼서야 집으로 돌아온 당신은 비빔국수를 만들 거란 말을 했지요. 칼칼하게 콩나물국도 끓일 거란 말도 했고요. 나는, 비빔국수는 면발의 탄력이 중요하니 너무 오래 끓이지 말아야 한다고 조언을 했지요.

하루가 다 가도록 각자의 시간을 보내던 우리가 저물녘이 되어서 나눈 대화란 고작 이렇게도 하찮아 보이는 대화였지요. 그러나 나는 그것이 결코 하찮아 보이지 않았습니다. 당신과 대화를 나누는 동안, 나는 당신의 일상 속 소소한 이야기를 마음으로 받아 줄 상대가 된 거니까요.

나는 언제나 하찮은 이야기 속에 담긴, 당신이 말하려고 하는 숨은 의미들을 읽어 내고 싶었습니다. 당신의 신념, 수줍음, 망설임, 그리고 지향 있는 사랑이, 하찮게 주고받은 모든 단어들의 자음과 모음 사이에 비빔국수 양념처럼 스미어 있다는 것을 알기 때문입니다.

하찮게 보아 주니 얼마나 편한지요. 하찮은 척해 주셔서 고맙습니다. 기다리는 비는 오늘도 이곳에 닿지 않았습니다. 비를 기다리는 기다림만은 결코 하찮은 기다림이 아닌데도 말입니다.

한 그리움이 또 다른 그리움을 찾아가는 길
— 운유당(暈遊堂) 서신(書信)

비는 분명 내릴 것입니다. 예정된 것들은 언제나 일사불란합니다. 될 수도 있는 것과 될 수밖에 없는 것의 빈틈 사이에서 당신의 희망은 혼란스럽습니다. 밤새 당신의 몸속에서는 무슨 일이 있었던 것인지요. 토막토막 잘린 당신의 잠 속으로부터 뛰쳐나온 꿈들은, 꿈틀꿈틀 바닥을 기어 제 방 창문 앞까지 닿았습니다.

이미 식었거나 여전히 뜨거운 그것들을 집어든 채 가만히 밝아 오는 아침을 마주하고 있노라면, 그것들은 서서히 물이 되어 흐르거나 모래처럼 부서지며 내 손을 벗어나고, 그때 나는 비로소 당신의 안녕하지 못한 안녕을 확인하곤 합니다. 하지만 오늘 밤에는 당신의 상처 난 꿈들이 내게 오던 길, 그 길을 거슬러 내 꿈들이 당신을 찾아갑니다.

낯선 것들이 던지는 희망만큼 덧없는 것이 있을까요. 익숙한 것들이 보이는 절망만큼 두려운 것이 있을까요. 그러나 낯선 희망과 익숙한 절망은 밤새 서로의 꿈들이 밟고 간 그 길 위에서 '아무것도 아닐 수 있는 것'이었다가, '아무 것도 아니었으면 좋겠다'를 지나서 끝내는 '아무 것도 아닐 수밖에 없는 것'이 될 것입니다.

그리운 그리움이 그리움을 찾아가는 길, 당신의 꿈속으로 이어지는 길, 그 길 끝에서 만나는 익숙한 덧문을 결코 잠가 두지 마세요. 비는 아직 이 길 위에 닿지 않았습니다. 그러나 내 꿈이 당신에게 닿을 때쯤이면 눈물처럼 그리움처럼 그곳, 그 길도 젖어 들겠지요. 그래요. 예정된 것들은 언제나 당당한 법이니까요.

흐리고 불안한 저녁
— 운유당(暈遊堂) 서신(書信)

지금은 지상의 모든 것들이 겸손해지는 시간, 꽃들도 몸을 오므려 향기와 마음을 지상에 내려놓고, 마지막 사냥을 마친 어미 새들도 날개를 추스르며 귀소(歸巢)를 준비하는 시간입니다. 아침에 외출한 바람은 아직도 돌아오지 않고 있습니다. 모든 것들이 저마다 있어야 할 곳으로 돌아가고 돌아오는 이 시간, 당신은 어디쯤에서 하염없습니까. 혹 저물녘의 고적감에 마음을 다쳐, 다가오는 어둠에 몸을 맡긴 채 정물처럼 지워지고 있는 건 아니겠지요? 늦여름 더딘 해의 방심을 틈타 오후부터 구름이 몰려오기 시작했어요. 어둠 속에서도 구름은 검고 둔중한 구름입니다. 비마저 내린다면, 당신의 어깨는 또 물결처럼 흔들릴 게 분명합니다. 나의 위로는 언제나, 분주한 저녁 해의 발걸음보다 조금 빠르게, 당신이 있는 쪽으로 방향을 잡지만, 그럼에도 불구하고 당신의 안부가 여전히 걱정되고 또 걱정되는 흐리고 불안한 저녁입니다.

해설 · 시인의 말

해설

소 힘줄 같은 연대의 내력

김응교(시인, 문학평론가, 숙명여대 교수)

한 편의 시가 나오기까지 온몸은 얼마나 많은 반응을 하는가. 피로 쓴 문장을 사랑한다는 니체, 일 년 동안 세포에 문장을 넣었다가 한 줄 가까스로 얻는다는 윤동주, 시는 온몸으로 써야 한다는 김수영의 말은 빈말이 아니다. 시에 신체의 움직임이 보이는 흔적은 온몸으로 시를 쓴다는 증거다. 온몸으로 쓴 시는 한 번만 읽어서는 안 된다. 문계봉의 첫시집 첫시에는 신체의 움직임이 명확히 나타난다.

소 힘줄 같은 고집과
힘줄의 탄력만큼이나 질긴
가난이 내력이었지
일찍 바람이 되어
밑으로 흐르는 법을 배운 아비와
허기만큼의 높이로 자꾸
몸을 숙이는 들풀 같은 자식들
미래가 던지는 몇 마디의 농담에도
발끈 불안하여 세월의 멱살을 잡는

눈물겨운 공격성 그러나
가진 것 없어서 낭패도 모르는,
기다림 속에서 든든하게 무장된
삶의 게릴라 혹은
운명과의 싸움꾼들.

—「자화상 — 家系」 전문

이 첫시에 문계봉 시의 모든 것이 담겨 있다고 해도 과언이 아닐 것이다. 시를 읽는다는 동사는 눈만 돌리는 것이 아니라, 눈으로 보고, 뇌를 움직여 상상하고, 냄새를 떠올리는 육체적 반응을 포함한다. "소 힘줄 같은 고집", "힘줄의 탄력", "허기만큼의 높이", "삶의 게릴라" 같은 표현은 그의 글이 모두 철저하게 온몸을 통과하여 나온다는 것을 보여 준다. 이 글에 나오는 온몸의 시학, 가족 공동체와 같은 연대 의식, 운명과 싸우는 혁명의 자세, 이 세 가지의 힘줄이 그의 시를 이루는 근육이라 할 수 있겠다.

1

80년대 초 연세문학회에는 성석제, 원재길, 김태연, 김주일, 공지영, 박래군, 기형도, 우상호, 고영범, 문계봉, 나희덕 등이 모여 금요일마다 합평회를 하고, 술잔을 나누며 밤을 밝히곤 했다. 군복 상의를 자주 입었던 그는 1985년 당시 연세문학회 회장을 했었다. 영화배우 이소룡을 닮은 날렵하고 세련된 얼굴에 그의 형색은 "낭패도 모르는/기다림 속에서 든든하게 무장된/삶의 게릴라" 바로 그 모습이었다. 거친 야생

마가 아닐까 싶었는데 그는 무척 따스하다. 그때나 지금이나 그는 주도하기보다는 먼저 경청하려고 애쓴다. 그의 시는 그런 넉넉함이 묻어 있다.

문학회에서 합평회를 할 때나 그가 발표한 시를 보면 늘 저편에 외로 서 있는 갈매나무 보듯 그윽했다. 삼십 년 전부터 그의 시를 읽으면 왠지 새로 태어난 신동엽 시인의 신작시를 대하는 착각에 빠지곤 했다. 1995년 계간『실천문학』여름호에 실린 등단작을 읽을 때도, 넉넉하고 깊고 길게 흐르는 금강이 떠오르곤 했다. 그 편안함 속에 가끔 탄력만큼이나 고집스런 그의 힘줄이 엿보이곤 했다.

책을 내야 하고 낼 수밖에 없는 글쟁이라는 판단이 서면 나는 집요하게 괴롭힌다. 당연히 그를 괴롭혀 왔다. 만날 때마다, 통화할 때마다, 문자할 때마다 언제 시집 내냐고 괴롭혀 왔다. 등단한 지 스무 해를 넘겨 드디어 그가 시집을 낸다는 연락을 받았다.

오랫동안 은둔해 있던 그가 어떻게 지냈는지 이 시집은 말해 준다. 학창 시절 데모가 일어나면 묵묵히 앞장서 나갔던 그는 이후 현장에서 떠나지 않았다. 90년대 내내 인천 지역을 기반으로 노동운동을 해왔던 그는 2014년부터는 3년 동안 한국작가회의 인천지회 회장을 지냈고, 현재는 진보적 문화 예술 운동 단체인 인천민예총 상임이사로서 궂은일을 마다하지 않고 나서고 있다. 그가 어떻게 살아 왔는지, 다른 사람에 대해 쓴 듯싶은 아래 시가 대변해 주는 것 같다.

그는 결코 유약한 사람이 아니었다
논쟁의 자리에서 그는
빈틈없는 이론가였고
거리에서는 냉철한 사령관이었다

그의 목소리 높낮이에 따라
토론의 성과가 조정되었고
그의 손이 가리키는 곳으로
돌과 불꽃이 날아갔었다

그런 그가 지금은 비틀거린다
겹겹으로 봉쇄된 전선을 능숙하게 돌파하던 그가
생활의 공격 앞에선 속수무책이다
문건을 쓰고 구호를 외치던 손으로
세차를 하고 우유를 배달하고 운전을 하지만
생활은 그에게 낯선 전선이다.

— 「그는 더 이상 진보적 잡지를 읽지 않는다」에서

첫 연은 그의 자화상일까. 등단작이었던 이 시는 시인의 자화상처럼 보인다. 세차를 하고 우유 배달하며, 대리운전 등을 해야 하는 상황은 젊은 시절 운동을 했던 이들에게는 어쩔 수 없이 겪어야 했던 낯선 전선이었을 것이다. "그는 더 이상 진보적 잡지를 읽지 않는다"는 제목은 그의 선배 기형도 시인이 "성경이 아니라 생활에 밑줄 쳐야 한다"(「우리 동네 목사님」)는 말과 겹친다. "생활의 마디마디/굵고 완강한 괄호를 벗겨 내"(「다시 잠 못 드는 밤에」)겠다는 삶도 실은 레닌의 것만이 아니라, 그가 추구하는 삶일 것이다. 종이에 적힌 관념이 아니라, 생활이라는 낯선 전선이 삶의 텍스트가 되어야 한다는 다짐이다.

이 시집의 1부는 역사 변혁에 참여했던 여러 군상들을 그린 시편이다. 그는 "모자 위 눈을 털며 숙소의 불을 켜는/블라디미르 일리치 레닌"(「다시 잠 못 드는 밤에」)을 호명하고, "꿈을 실현하기 위해 결사의 실천을 경주하는"(「체 게바라 평전을 읽고」) 체 게바라를 불러낸다. 암담하고 지루하고 잔혹한 시대에 그는 적을 비판하기보다 대부분 함께했던 어진 이들을 그리워한다. "해지는 인천에서/해 뜨는 강릉으로/친구 보러 가는 길"(「면회2」), "돌아오는 동료들의 잠든 이마 위로/가장 밝은 광주의 밤 별 하나 반짝 내려와 박힌다"(「그리움 뒤에는 무엇이 남는가」) 등, 특히 "도둑처럼 찾아든 그 매정한 물결 너머로 부표처럼 떠다니는 너희의 마지막 웃음소리"(「진혼곡조」)로 상징되는 세월호 참사를 추모하는 연작시 「봄, 이 두려운」, 「4월, 그날」, 「광화문 광장 예술가 텐트촌에서」 등은 그가 바라는 것이 싸움 이전에 애도와 사랑의 회복에 있음을 보여 준다. 그의 시는 관념적인 구호나 이념이 아니라, 생생한 삶을 드러낸다. 그 삶이 늘 사랑으로 향하고 있다는 것은 시집 후반부인 3부 4부의 시들에서 잘 볼 수 있다.

2

"백석이 머리칼을 날리며 광화문에 나타나면 네거리가 온통 환해졌다."고 회상한 김기림의 말을 빌리자면, 말수 적은 문계봉이 나타나면 은은하게 따스한 온돌방에 함께 앉아 있는 기분이 든다. 방금 따스하다고 썼는데 배려로 가득한 그의 삶처럼 그의 시도 따스하다.

> 그때 내 맘에도
> 많은 빛들이 살았지
> 내 쪽에서 등을 진 빛

무심하게 방치한 빛
감당하지 못하자
스스로 나를 떠난 빛
잃은 빛과 잊힌 빛
나를 떠난 빛 사이에서 자주 현기증을 느꼈지만
그럼에도 불구하고
그때부터 지금까지
단 한 번도 나를 떠나지 않은 채
나와 함께 빛나 온
대견하고 고마운 빛
무뎌진 그리움일망정
끝끝내 지키고 싶은
결코 잃어서도 안 되고
잊을 수도 없는 빛
또는 빚, 당신

―「너무 늦은 연서(戀書)」

많은 이들이 그를 떠났지만 "단 한 번도 나를 떠나지 않은 채" 그와 함께 빛나 온 "대견하고 고마운 빛"은 무엇일까. "결코 잃어서도 안 되고/잊을 수도 없는 빛"은 빚으로 환치(換置)된다. 빛의 고마움은 그가 스스로 빛으로 살아 다른 이들에게 갚아야 할 빚인 것이다. 이 시는 이 시집 전체를 감싸는 주제로 다가온다. 그는 빛으로 사는 빚을 지고 사는 시인이다.

특히 '힘내요 태인 씨'라는 부제가 달린 연작시가 모인 3부도 따스하다. 태인 씨는 무척 연로(年老)한 인물인 듯싶다. 또한 태인 씨가 "새벽에 일어나 화장실 갈 때 슬리퍼 신다가 넘어질까" 걱정하는 것으로 봐서 그와 함께 한집에서 지내는 인물이다.

> 늦은 밤 귀가해 태인 씨의 숨소리를 한참 동안 곁에 앉아 듣고 있다가 목욕탕 문을 열고 슬리퍼를 살짝 돌려놓습니다. 태인 씨, 새벽에 일어나 화장실 갈 때 슬리퍼 신다가 넘어질까 봐 신기 편한 방향으로 돌려놓은 거지요. 슬리퍼도 순종하는 모습으로 자리를 잡습니다. 창문 앞을 서성이던 겨울바람도 눈인사를 보내며 숨을 고릅니다. 앞이 막힌 슬리퍼의 여백 속으로는 모자(母子)의 마음 같은 고요 한 줌이 살짝 들어가 잠을 청합니다. 냉장고의 숨소리가 유난히 큰 밤입니다.
>
> —「슬리퍼를 돌려놓으며 — 힘내요 태인 씨」 전문

"순종하는 모습으로 자리를 잡는" 슬리퍼는 시인 자신의 모습이 아닐까. 푸른 나이를 온통 불의에 항거하며 문건 쓰고 구호를 외치던 희생양들은 가족을 제대로 돌볼 수가 없었다. 분노하며 살아온 그도 이제 쉰 살을 넘겨 시인의 자리를 찾아간다. "앞이 막힌 슬리퍼의 여백 속으로 모자의 마음 같은 고요 한 줌이 살짝 들어가 잠을 청"한다는 구절은 이 시에서 가장 따순 아랫목이다. 모자(母子)라는 단어가 있어 태인 씨가 어머니라는 사실을 알 수 있다. 어머니를 "태인 씨"라고 한 것은 개인의 어머니에게서 모두의 어머니로 의미를 확장시키려는 의도가 아닐까.

태인 씨가 어머니라는 사실을 알고 읽으면, 슬리퍼를 살짝 돌려놓는 마음에 독자도 자신의 마음을 놓을 수밖에 없다. "계절이 바뀔 때면/파킨슨병 태인 씨의 오른손은/갈피를 잃고 제멋대로 부산"(「저울」)

하여 시인은 더욱 불안하다. 한치 앞을 내다볼 수 없는 노인의 건강을 헤아려 화자는 화장실 슬리퍼를 살짝 돌려놓는다. 어둡고 조용한 심야에는 옆방 숨소리가 들릴 만큼 화자의 귀는 밝아진다. 좀체 잠 못 이룬다는 표현을 "냉장고의 숨소리가 유난히 큰 밤"이라고 하며 마무리한다. 그의 다른 시에 나오는 "오래전 아들 같은 아들이 되어"(「가을 앞에서」)라는 구절도 어머니 마음에 어긋나지 않게 살겠다는 절실한 표현이다.

어머니와 아들의 사랑을 따스하게 담은 시로는 함민복의 시 「눈물은 왜 짠가」가 잘 알려져 있다. 이 시는 설렁탕이 든 투가리가 부딪치는 순간으로 뜨거운 사랑을 표현하고 있는데, 문계봉의 「슬리퍼를 돌려놓으며」는 겨울날 화장실 슬리퍼를 돌려놓는 순간으로 절절한 사모곡을 표현하고 있다. 명작은 눈시울 막 뜨거워지려 할 참에 바로 끝내버리는데, 함민복의 「눈물은 왜 짠가」나 문계봉의 「슬리퍼를 돌려놓으며」는 눈시울이 흔들리려 할 때 끝난다.

"나는 오래전 아들 같은 아들이 되어/흐드러진 꽃 사이를 함께 걸으며/맑디맑은 태인 씨 웃음소리를/자꾸만 듣고 또 듣고 싶어요"(「가을 앞에서」)라는 사모곡은 얼마나 절절한가.

3

프라하에서 태어난 라이너 마리아 릴케(Rainer Maria Rilke, 1875~1926)의 시는 편지를 쓴 듯한 서간체가 많다. 그의 대표작 「가을날」도 서간체로 읽힌다. 잘 안 알려진 사실이지만 릴케의 작품에는 체코 민족운

동에 참여한 흔적이 보인다. 릴케는 단편소설 「두 프라하 이야기」에 조직 운동을 하면서 생기는 여러 문제를 아프게 기록해 놓았다.

릴케를 인용하는 까닭은 문계봉의 시를 읽을 때 릴케와 비슷한 간절한 종교성이나 내면의 역사성이 느껴지기 때문이다. 야만적인 현실에 저항했던 문계봉의 시가 마치 릴케의 편지처럼 읽히는 경우가 많기 때문이다. 제4부의 시에는 '운유당(暈遊堂) 서신'이라는 부제가 달려 있다. "~습니다"체로 쓴 그의 서간체 산문시는 정겹고 따스하다. 또한 산문시는 사라져 가는 것에 대한 아쉬움을 간절하게 응시하게 한다. 손으로 쓰는 편지가 사라진 시대에 종이 편지 한 편 한 편 아프게 읽은 기분이다.

'운유당'은 어디일까. 운유당에는 시인이 위로하고 싶고, 시인이 다가가고 싶은 어떤 대상이 머물고 있는 상상의 공간이 아닐까.

> 난 당신을 사랑하지 않았습니다.
> 오후 두 시쯤에 내리는 비나
> 늦은 귀갓길에 만나는 바람 앞에서도
> 나는 결코 당신을 생각하지 않았습니다.
> 멀고 가까운 곳에서 일제히 피는
> 붉고 노란 꽃들을 보면서도
> 나는 결코 당신을 떠올리지 않았습니다.
> 당신이 알다시피 난 무척 용기 있는 사람이어서
> 아지랑이 봄 들판에 혼자 있어도
> 도대체 불안할 일이 무에 있을까요.
> 봄꽃이 당신의 목소리로 말 걸어 와도
> 도대체 그리울 일이 무에 있을까요.

난 당신을 사랑하지 않은 게 분명합니다.

—「만우절— 운유당(暈遊堂) 서신(書信)」 전문

이 시는 한 번이 아니라 두어 번 읽어야 제 맛이 난다. "멀고 가까운 곳에서 일제히 피는/붉고 노란 꽃들을 보면서도/나는 결코 당신을 떠올리지 않았습니다"라는 구절을 읽으면 왠지 입가에 웃음이 돈다. "봄꽃이 당신의 목소리로 말 걸어 와도/도대체 그리울 일이 무에 있을까요"라는 표현도 독특하게 비틀려 있다. "사랑하지 않는 게 분명합니다"라고 하며, '않다'라는 부정어가 3번 등장하지만, 만우절이라는 제목 때문에 오히려 더욱 역설적으로 사랑을 고백하는 시로 보인다. 시에 나오는 '그대'나 '당신'은 일차적으로 시적 모티브를 제공한 특정인을 지칭하는 것이겠지만, 만해 한용운의 시에서처럼 특정한 대상을 포함하여 넓은 의미의 '임'을 호명하는 것으로 읽힌다. 읽다 보면 시큰한 문장이 적지 않다. 시인의 무의식이 그리워하는 그리움의 총체는 독자가 그리워하는 대상일 수도 있겠다. 대상이 누구이든 연시(戀詩)인 것만은 틀림없다.

독자에게 편지를 보내는 문계봉의 시는 낭송하면 더욱 신선한 울림을 준다. 그의 시집 전체를 두 번 읽자 이상하게 겸허해졌다. 어리광부려볼 데 없이 그의 시들은 대부분 경건하다. 시집을 읽으면 사랑을 기도하는 근육에 힘이 붙는 듯 했다. 그의 시는 날랜 솜씨를 오래 끓인 누룽지 맛에 숨기고 있다. 그 누룽지 맛에는 군중 속의 고독도 어려 있다. 지난 세월과 일상생활 그리고 가족 공동체와 보이지 않는 그대에게 무한한 사랑을 호소하는 시인이 문계봉이다. "나의 위로는 언제나, 분주한 저녁 해의 발걸음보다 조금 빠르게, 당신이 있는 쪽으로 방향을 잡"(「흐리고 불안한 저녁」)는다는 그의 마음은 시집 전체에 고르게 펴져 있다. 그런 의미에서 나는 이 시집을 진솔하고 검박한 연시집으로 읽었다.

크낙하면서도 나지막한 사랑이 있었기에 그는 현실 문제에도 괴로워하고 끊임없이 연대해 왔을 것이다. 기다리던 첫 시집이 나와, 올해 겨울엔 한 줌의 따스함을 나눌 수 있겠으나, 벌써 나는 두 번째 시집을 재촉할 거 같다. 시를 어루만지는 그의 손길이 모든 상처를 회통(回通)하며 널리 널리 퍼지기를 희망한다.

생각해 보면 참으로 먼 길을 돌아왔습니다. 시가, 문학이 세상을 바꾸는 '무기'가 될 수 있을 거라(되어야 한다)는 믿음을 가슴에 품은 채 몇 구비의 고단한 현실을 넘어오는 과정에서 여러 차례 발을 헛딛고 마음을 놓치기 일쑤였습니다. '이 휘황한 자본의 시대에 시가 과연 무슨 힘을 발휘할 수 있을까'하는 자괴감이 들었던 것이지요. 그래서 이후로 오랫동안 나는 세상을 바꾸는 데 있어 시보다 훨씬 직접적이고도 효과적이라고 생각되는 '다른 무기'를 벼리기 위해 최선을 다해 왔고, 시를 기꺼이 '포기'했지만 결코 후회는 없었습니다.

그러나 시간이 지나면서 알게 되었지요. 나는 시를 외면하고 살아왔지만 시는 나를 포기하지 않았다는 것을. 지난한 싸움과 잦은 패배 과정에서 투혼도 신념도 무뎌질 때쯤 어느 날 불쑥 시가 나를 다시 찾아왔던 것입니다. 고맙고도 미안했습니다. 오래 된 시작(詩作) 노트를 다시금 꺼내 들고 시효 지난 시들을 묘한 마음으로 읽어 내려가면서 나는 문득 깨달았습니다. '그럼에도 불구하고' 가공할 야만의 시대를 온전히 견뎌 낼 수 있었던 데에는 시와 문학에 빚진 것이 많았다는 사실을 말입니다. 이후 삶과 문학이 일치하지 않는 시인은 되지 말자고 스스로를 다잡으며 현장에서, 일상에서 틈틈이 끄적거렸던 시들을 모아 세상의 허다한 시집 더미 위에 한 묶음의 부끄러움을 보태고자 합니다. 성취의 자부는 적고 부끄러움은 많습니다.

끝으로 늘 옆에서 응원해 준 후배 상훈, 효운, 혁재 그리고 나를 대신해서 언제나 집안의 대소사를 챙겨 온 믿음직한 동생에게 고마운 마음을 전합니다. 이들과 함께여서 쓸쓸하지 않았고 여전히 제가 있는 자리에서 올연(兀然)할 수 있었습니다. 고맙습니다.

실천시선 253

너무 늦은 연서

2017년 12월 5일 1판 1쇄 찍음
2017년 12월 5일 1판 1쇄 펴냄

지은이 문계봉
펴낸이 정소성
편집 성유빈, 정미라
디자인 한시내
관리·영업 이승순, 박민지
펴낸곳 (주)실천문학
인쇄소 한영문화사
등록 10-1221호(1995.10.26)
주소 서울특별시 성북구 보문로 82-3, 801호(보문동 4가, 통광빌딩)
전화 322-2161~5
팩스 322-2166
홈페이지 www.silcheon.com

ISBN 978-89-392-2253-3

이 도서의 국립중앙도서관 출판시도서목록(CIP)은 e-CIP홈페이지(http://www.nl.go.kr/ecip)와
국가자료공동목록시스템(http://www.nl.go.kr/kolisnet)에서 이용하실 수 있습니다.
(CIP제어번호:CIP2017031872)